Veggie Bento

からだが整う
菜食べんとう

中島芙美枝

SHUFU TO SEIKATSU SHA

はじめに

おべんとう、ってわくわくします。
お気に入りの器でいただくできたての食事ももちろんおいしいけれど、
おべんとう箱という小さな世界にぎゅっとおいしいものが詰まった、独特な空間。
ごはんにちょっとおかずの味がしみていたり、
隣同士のおかずが絶妙に合わさって、味のグラデーションを楽しめたり。
なにより、ふたをあけたときの「うわ〜」という高揚感！
それを自分がしつらえたかと思うと、おなかだけではなく
自分の心にまで、ごほうびをもらったような気分になります。

私が食の活動を始めてからずっと続けていることのひとつが、おべんとう作りです。
自分のためではなく、まだ見ぬ、もしくは喜ぶ顔が目に浮かぶ、
毎日がんばっているみなさんへ。
忙しい日々の中で、なかなか自分が理想とする食事をすることはむずかしい。
昨夜はちょっと飲みすぎてしまったかもしれない。
甘いものを食べすぎてしまったかもしれない。
ここのところ外食続きで、疲れぎみ。
そんな体にそっと寄り添い、いたわり、整えてくれるおべんとうを
届けたいと思ってきました。

「満足感はあるのに、体は軽やか」
「体が喜ぶのがわかるから、心も喜ぶ」

おべんとうを食べてくださった多くの方から、こんな言葉をいただきました。
体によい悪いも大事だけれど、心がどう感じるかも大切。

この本では、そんな自分のごほうびになるようなおべんとうを
みなさん自身で作っていただけるように、アイデアとレシピをぎゅっ！と詰め込みました。
お野菜だけ、というとなんだか物足りなく感じてしまいがちですが、
どんな方にも楽しんでいただけるよう、満足感を出すための工夫も凝らしています。
毎日じゃなくてもいい。完璧じゃなくてもいい。
まずは1品からでも、「菜食べんとう」でご自分の体と心を整えてみてください。

中島芙美枝

CONTENTS

veggie bento to enjoy your lunch

03 はじめに

06 私の菜食べんとう
5つの“ゆるルール”

[この本の決まりごと]

- 小さじ1は5mℓ、大さじ1は15mℓ、1カップは200mℓ、1合は180mℓです。ひとつまみは指3本、ひとつかみは指5本でつまめる量です。
- 野菜のゆで湯に加える「塩」は、粗塩を使用しました。塩をはじめ、主な調味料についてはp.86でご紹介しています。
- 「小麦粉」は地粉を使っています。なければ好みの小麦粉を使ってください。
- 「すりごま」はフライパンでいり、すり鉢ですったものを使っています。風味がよく、栄養もしっかり吸収されます。
- 特に記載のない限り、野菜の皮やへた、種を除く、きのこの石づきを除くなどの説明は省略しています。
- ごはんについてはp.87でご紹介しています。好みでごまをふる、梅干しを添えるなどすると、味わいだけでなく見た目にも変化がつきます。

気負わず続けられる
おかず3品べんとう

10 ひよこ豆のつくねべんとう
ひよこ豆のつくね／ブロッコリーのごまあえ／
わかめともやしのピリ辛ナムル

12 車麩の照り煮べんとう
車麩の照り煮／小松菜とわかめの酢じょうゆ麹／
蒸しにんじんのフライ

14 じゃがいものチヂミべんとう
じゃがいもとわかめのチヂミ／
ひよこ豆とひじきのごまあえ／キャベツの酢漬け

16 ひよこ豆の春巻きべんとう
ひよこ豆の春巻き／焼きいも／
紫キャベツのザワークラウト

18 厚揚げと根菜のすっぱ炒めべんとう
厚揚げと根菜のすっぱ炒め／
チンゲン菜のごまだれ／わかめのしょうが麹あえ

20 高野豆腐の揚げだしべんとう
高野豆腐の揚げだし／かぶのグリル／
菜の花と切り干し大根のナムル

22 厚揚げときのこの麻婆べんとう
厚揚げときのこの麻婆／紫キャベツのナムル／
オクラと長いもの梅あえ

24 じゃがいもと梅じそのコロッケべんとう
じゃがいもと梅じそのコロッケ／
キャベツとたけのこの煮込み／
ひじきと豆腐の梅あえ

26 大根のフライべんとう
大根のフライ／白菜ととろろ昆布のレモンあえ／
うまみたっぷりきのこ

28 じゃがいもとブロッコリーのサモサ風べんとう
じゃがいもとブロッコリーのサモサ風／
夏野菜のラタトゥイユ／にらの梅酢あえ

作りおきで“五味”を整える

おかず5品べんとう

32 おかず5品べんとう詰め合わせアイデア
obento idea #1～#10

塩 塩味のおかず [salty]

42 里いものコロッケ
43 切り干し大根のがんもどき
44 大豆とキャベツのコロッケ
45 厚揚げのあおさフリット
45 里いものあおさ炒め
46 アスパラのしょうゆ炒め
46 ごぼうのきんぴら
47 水菜ののりジェノベあえ
47 自家製なめたけ
48 小松菜の塩麹あえ
48 ねぎみそきのこ
49 いんげんのごま塩あえ
49 ズッキーニのごまあえ

甘 甘味のおかず [sweet]

50 カラフル根菜のグリル
51 かぼちゃの甘酒炒め
51 ブロッコリーとトマトの甘酒ソース
52 かぼちゃのしょうゆ麹煮
52 かぼちゃの豆乳マヨサラダ
53 さつまいものマッシュサラダ
53 エリンギの甘煮
54 ビーツのみそ煮
54 赤玉ねぎのグリル
55 にんじんのクミングリル
55 にんじんのピーナッツバターあえ

酸 酸味のおかず [sour]

56 れんこんボールの酢あんかけ
57 おからの春巻き
58 ひじきとクレソンのサラダ
59 焼きパプリカの梅酢マリネ
59 れんこんの梅酢漬け
60 かぶの塩レモンあえ
60 白菜の塩レモン漬け
61 にんじんのラペ
62 きのこと玉ねぎのレモンソース
63 大根とにんじんの柿なます
63 切り干し大根と昆布のはりはり漬け

辛 辛味のおかず [spicy]

64 白菜とおからの油揚げ餃子
65 大豆のナゲット
66 みそチリコンカン
67 こんにゃくのからし炒め
67 ひじきとこんにゃくのピリ辛煮
68 ブロッコリーとさつまいものマスタードサラダ
69 大根とわかめのゆずこしょうあえ
69 きゅうりとわかめのわさびじょうゆあえ
70 切り干し大根のカレーサラダ
70 カレー風味のいり豆腐
71 夏野菜のカレーマリネ
71 水菜ととろろ昆布のゆずこしょうあえ

苦 苦味のおかず [bitter]

72 ゴーヤーと厚揚げのナッツチャンプルー
73 ケールのしょうゆ炒め
73 まるごとピーマンのグリル
74 ルッコラのごまあえ
74 春菊ののりごまあえ
75 菜の花とたけのこのからしあえ
75 春菊とひじきの白あえ
76 じゃがいもとセロリのサブジ
76 もやしとわかめのターメリックナムル

忙しいときだって、これさえあれば！

私を助けてくれるもの

78 忙しい日は、おむすびだけでもいい
80 おべんとうに「みそ玉」があると、ホッとします
82 私の料理を支えてくれる、手作り発酵調味料
玉ねぎ麹／しょうが麹／しょうゆ麹／塩麹／塩レモン／豆乳マヨネーズ
86 この本で使う基本の調味料
87 ごはんについて／だしについて

私の菜食べんとう
5つの"ゆるルール"

肉や魚介類、卵、乳製品といった動物性の食材を使わず、
野菜や乾物、豆を中心とした植物性の食材で組み立てる菜食べんとう。
おいしく、腹もちよく、栄養バランスも考えて、
私は以下のポイントを意識しています。
とはいえ、あまりむずかしく考えすぎず、ゆるく構えるのが続ける秘訣。
まずは気軽に始めてみましょう。

1　たんぱく質のおかずを必ず入れる

たんぱく質は私たちの体をつくる大切な栄養素です。
菜食べんとうでは、大豆やひよこ豆、豆腐、厚揚げなどの大豆製品が
植物性のたんぱく源。主菜に活用すれば、ボリュームもアップします。

2　アブラナ科の野菜と、根菜を意識する

おかずに、ブロッコリー、キャベツ、小松菜、白菜、水菜など
旬のアブラナ科の野菜と、大根、にんじん、れんこんなどの
根菜類を揃えるようにすると、自然と栄養バランスも整います。

3　海藻、種実類を積極的に使う

のりや昆布、ひじきなどの海藻類は、ミネラル豊富。おなかの調子も整えてくれ、
料理にうまみをプラス。ごまやナッツなどの種実類は栄養価が高く、
少量で満足感が得やすいほか、食感のアクセントにも。

4　素材の甘みを生かして、砂糖は使わない

料理には砂糖を使わず、代わりに甘酒やみりんを使っていますが、
「じっくり焼く」「蒸す」といった野菜そのものの甘みを引き出す調理法を選べば、
甘みを足さなくてすむことも！

5　油を上手に使って、満足感をアップ

野菜だけでも十分な満足感を得られるよう、油のコクを活用します。
揚げものや炒めものはもちろん、あえものに少量プラスすることも。
油は酸化していない、新鮮なものを使いましょう。

気負わず続けられる おかず3品べんとう

毎日楽しく、無理なく続けてほしいから
まずは、おかず３品のおべんとうから始めてみましょう。
たんぱく源になる主菜を1品に、副菜が2品。
異なる調理法や食感、彩りのものを選ぶとバランスがよくなります。
菜食とは思えない食べごたえがあり、お昼が待ち遠しくなるおべんとうです。

おかず3品べんとうの組み立て方

主菜1品 ＋ 副菜2品でOK

まず、ボリュームがあり、たんぱく源にもなる主菜を決めると、
それに合わせた副菜を考えやすいと思います。

調理法を変え、異なる食感を意識

焼く、ゆでる、揚げるなど調理法の違うおかずが入っていると楽しい。
ときには生野菜を加えて、シャキッとフレッシュな食感をプラスします。

彩りで栄養バランスをとる

赤、緑、黄、白、黒など、さまざまな色の食材を使うようにすると
自然と栄養バランスも整います。おかずの間に青じそを敷いても。

1 main dish + 2 side dishes

1
ひよこ豆のつくねべんとう

ひよこ豆のつくねは、お肉に負けないボリューム感。
ピリ辛のナムルとうまみの強いごまあえで、
食べ進めるのが楽しい組み合わせのおべんとうです。

主菜

ひよこ豆のつくね

ひじきにしっかり下味をつけることで、豆のうまみが際立ちます。

材料（直径5cmのつくね10個分）
ひよこ豆（水煮）…… 400g
細ねぎ …… 6本
ひじき（乾燥）…… 4g
⇒水に20〜30分つけてもどし、水けをきる
しょうゆ …… 小さじ1
ごま油 …… 適量
A | 海塩 …… 小さじ1と1/2
葛粉（p.86参照）…… 大さじ2
豆乳（成分無調整）…… 大さじ1
B | しょうゆ・みりん …… 各大さじ2

1）フライパンにごま油少々を中火で熱し、ひじきをさっと炒める。ひたひたの水としょうゆを加え、水けがなくなるまで煮る。
2）ひよこ豆は水けをきり、フードプロセッサーにかけるか、マッシャーでつぶす。細ねぎはみじん切りにする。
3）ボウルに**1**、**2**、**A**を入れて混ぜ、10等分して丸く成形する。
4）フライパンにごま油を中火で熱し、**3**を並べて両面に焼き色をつける。つくねを取り出し、**B**を加えて煮詰め、つくねにかける。

［保存の目安］成形した状態で保存袋に入れ、冷凍で1か月ほど

副菜

ブロッコリーのごまあえ

栄養価の高さで知られるブロッコリー。歯ごたえを残す蒸し加減で。

材料（作りやすい分量）
ブロッコリー …… 1個（250g）
A | 白すりごま …… 大さじ2
しょうゆ …… 大さじ1

1）ブロッコリーは小房に分け、茎は厚めに皮をむき、食べやすく切る。鍋に水を1cmほど入れて沸騰させ、塩少々（分量外）とブロッコリーを入れてふたをし、中火で3分ほど蒸してざるにあげる。
2）ボウルに**1**、**A**を入れてあえる。

副菜

わかめともやしのピリ辛ナムル

玉ねぎ麹のうまみと豆板醤のピリ辛に、つい手がのびるおかずです。

材料（作りやすい分量）
もやし …… 80g
わかめ（乾燥）…… 小さじ2
⇒水に10分ほどつけてもどし、水けを絞る
A | 玉ねぎ麹（p.83参照）…… 小さじ1と1/2
豆板醤 …… 小さじ1と1/2
酢・ごま油 …… 各小さじ1
白すりごま …… 小さじ1

1）鍋に湯を沸かし、もやしをさっとゆでてざるにあげる。
2）ボウルにわかめ、**1**、**A**を入れてあえる。
3）白ごまをふる。

2
車麩の照り煮べんとう

ボリューム感があり、煮ても揚げてもおいしい車麩は
菜食べんとう派にうれしい、堂々主役のたんぱく源。
副菜は揚げもの＆あえもので、食感に変化をつけます。

主菜

車麩の照り煮

揚げ焼きにしてから味を含ませて。頬張ると、じゅわっとうまみが広がります。

材料（作りやすい分量）
車麩（乾燥）…… 2枚
⇒水に20分ほどつけてもどし、水けを絞る
葛粉（p.86参照）…… 適量
A | しょうゆ・みりん …… 各小さじ1
にんにく・しょうが（各薄切り）…… 各1枚
昆布だし …… 1カップ
菜種油 …… 適量

1）車麩はそれぞれ4等分に切り、葛粉をまぶす。
2）小さめのフライパンに菜種油を1cmほど注いで中火にかけ、**1**をこんがり色づくまで揚げ焼きにする。
3）小鍋に**A**を入れて火にかけ、ひと煮立ちさせる。**2**を入れ、さっと煮からめる。

副菜

小松菜とわかめの酢じょうゆ麹

小松菜は火を入れすぎず、サラダのようなフレッシュ感を残します。

材料（作りやすい分量）
小松菜 …… 100g
わかめ（乾燥）…… 小さじ1
⇒水に10分ほどつけてもどし、水けを絞る
A | しょうゆ麹（p.84参照）・酢 …… 各小さじ1

1）鍋に湯を沸かして塩少々（分量外）を加え、小松菜を茎から入れて10秒（葉は2〜3秒）ゆでてざるにあげる。粗熱をとり、水けを絞って2cm長さに切る。
2）ボウルにわかめ、**1**、**A**を入れてあえる。

副菜

蒸しにんじんのフライ

形はまるでえびフライ！　ナッツとハーブを加えたザクザク、香りのよい衣がポイントです。

材料（作りやすい分量）
にんじん …… 1本
小麦粉 …… 15g
A | パン粉 …… 1カップ
好みのナッツ
（アーモンド、くるみなど・砕く）…… 大さじ1
ハーブミックス …… 小さじ1
揚げ油 …… 適量

1）にんじんは蒸気の上がった蒸し器で10分ほど蒸し、縦4等分に切る。
2）小麦粉は水大さじ2で溶く。**A**は混ぜ合わせる。**1**に水溶き小麦粉、**A**の順に衣をつける。
3）揚げ油を180℃に熱し、**2**をこんがり色づくまで揚げる。

memo

ナッツ類は生（食塩不使用）のものを購入し、160℃のオーブンで7分ほどローストしてから使っています。

3
じゃがいものチヂミべんとう

もちもち食感のチヂミは、幅広い世代に人気。
チヂミのわかめに、ごまあえのひじき、
海藻をしっかりとれるおべんとうです。

主菜　じゃがいもとわかめのチヂミ

じゃがいものでんぷんと米粉のおかげで、もっちりとした食感に！

材料（直径5cmのチヂミ6枚分）
じゃがいも …… 150g
わかめ（乾燥）…… 小さじ1
⇒水に10分ほどつけてもどし、水けを絞る
玉ねぎ …… 30g
にんじん …… 30g
にら …… 1本
A｜米粉 …… 大さじ1と1/2
｜海塩 …… ひとつまみ
ごま油 …… 適量

1）じゃがいもはすりおろす。玉ねぎ、にんじんはせん切りに、にらは3cm長さに切る。
2）ボウルに**1**、わかめを合わせ、**A**を加えて混ぜる。
3）フライパンにごま油を中火で熱し、**2**を6等分して落とし入れ、両面をこんがり焼く。

memo
好みでしょうゆ・酢・ごま油を混ぜ合わせたたれをかけてもおいしくいただけます。

副菜　ひよこ豆とひじきのごまあえ

練りごまとすりごまをダブルで使って、コクとうまみをアップ。

材料（作りやすい分量）
ひよこ豆（水煮）…… 100g
ひじき（乾燥）…… 4g
⇒水に20〜30分つけてもどし、水けをきる
ごま油 …… 少々
しょうゆ …… 小さじ2
A｜白練りごま …… 大さじ2
｜白すりごま …… 小さじ1

1）フライパンにごま油を中火で熱し、ひじきをさっと炒める。かぶるくらいの水を注ぎ、水けが少し残るくらいまで煮詰める。しょうゆを加えて混ぜ、水けをきったひよこ豆を加えて混ぜ、火を止める。
2）**1**が完全に冷めたら**A**を加えて混ぜる。
［保存の目安］冷蔵で3〜5日

memo
多めに作ってp.17「ひよこ豆の春巻き」にアレンジするのもおすすめ。

副菜　キャベツの酢漬け

レーズンの甘みとクミンのスッとした香りが、味わいのアクセントです。

材料（作りやすい分量）
キャベツ …… 200g
A｜海塩 …… 小さじ1/2
｜酢 …… 1/4カップ
｜レーズン …… 20g
｜クミンシード（p.86参照）…… 小さじ1/2

1）キャベツはせん切りにする。
2）保存袋に**1**と**A**を入れ、袋の上から軽くもみ、なじませる。
［保存の目安］冷蔵で3〜5日

4

ひよこ豆の春巻きべんとう

ほくほくのひよこ豆をフィリングにした
ベジ春巻きが、おべんとうのメイン。
残り2品はシンプルおかずで、手間は最小限に。

主菜

ひよこ豆の春巻き

「ひよこ豆とひじきのごまあえ」を春巻きにアレンジ。揚げ時間も短くてすむのがうれしい。

材料（2本分）
ひよこ豆とひじきのごまあえ（p.15参照）
…… 全量
青じそ …… 4枚
春巻きの皮 …… 2枚
揚げ油 …… 適量

1）春巻きの皮にそれぞれ青じそを2枚ずつ敷き、ひよこ豆とひじきのごまあえを等分にのせて巻く。巻き終わりは、水溶き小麦粉（分量外）でとめる。
2）揚げ油を180℃に熱し、**1**をこんがり色づくまで揚げる。

副菜

焼きいも

時間はかかりますが、オーブンまかせにできる一品。ほくほく、甘い！

材料（作りやすい分量）
さつまいも …… 2〜3本
海塩 …… 適量

memo
p.53「さつまいものマッシュサラダ」、
p.68「ブロッコリーとさつまいものマスタードサラダ」などにもアレンジできます。

1）さつまいもは皮つきのままよく洗い、水けがついたまま1本につき塩ひとつまみを表面になでつける。濡れたままアルミホイルで包む。
2）220℃に予熱したオーブンで40分ほどじっくり焼く。竹串を刺してみて、すっと通るくらいになったら加熱を止め、そのままオーブンの中で粗熱をとる。

［保存の目安］冷蔵で2〜3日

副菜

紫キャベツのザワークラウト

香りのいいスパイスを加えることで、ぐっとおしゃれな味わいに。

材料（作りやすい分量）
紫キャベツ …… 400g
海塩 …… 8g（紫キャベツの重量の2%）
A 黒粒こしょう …… 小さじ1/2
コリアンダー（ホール）…… 小さじ1/2
ローリエ …… 2枚
赤唐辛子 …… 1本

1）紫キャベツはせん切りにする。ボウルに入れ、塩、**A**を加えてよく混ぜる。
2）保存袋に**1**を入れて空気を抜き、口をとじる。直射日光を避け、常温に数日おく（上に重石をするとよい）。
3）3日目以降、発酵が進んで好みのすっぱさになったら冷蔵庫で保存する。

［保存の目安］冷蔵で1〜2週間

5

厚揚げと根菜のすっぱ炒めべんとう

メインおかずに酸味を効かせると新鮮で、
食欲がない日も自然と箸が進みます。
根菜がおいしい秋に作りたい組み合わせ。

主菜

厚揚げと根菜のすっぱ炒め

おべんとうはもちろん、普段のおかずにもおすすめ。好みの根菜でどうぞ。

材料（作りやすい分量）
厚揚げ …… 1/2枚（75g）
れんこん …… 20g
さつまいも …… 30g
長ねぎ …… 1/2本
しめじ …… 1/2パック
菜種油 …… 適量
A | 玉ねぎ（すりおろし）…… 40g
酢・しょうゆ・甘酒（p.86参照）
…… 各大さじ1

1）厚揚げは熱湯にさっとくぐらせ、水けを拭く。
2）れんこん、さつまいもはいちょう切りに、長ねぎは3cm長さに切る。しめじはほぐす。
3）フライパンに菜種油を中火で熱し、**2**を入れ、ふたをして両面を焼く。
4）火が通ったら**1**をちぎり入れ、**A**を加えて混ぜ、味をなじませる。

副菜

チンゲン菜のごまだれ

水分が多いチンゲン菜は、じっくり加熱すると甘みとうまみが際立ちます。

材料（作りやすい分量）
チンゲン菜 …… 2株
菜種油 …… 小さじ1
海塩 …… ひとつまみ
A | 白練りごま …… 30g
塩麹（p.84参照）…… 小さじ1
豆乳（成分無調整）…… 大さじ2
レモン汁 …… 数滴

1）チンゲン菜は、茎は斜め細切りに、葉はざく切りにする。
2）鍋に菜種油を中火で熱し、**1**を入れてひと混ぜし、塩を加えてもう一度混ぜ、ふたをして3分ほど蒸す。
3）よく混ぜた**A**をかける。

memo
このごまだれは、ほかにグリル野菜やコロッケなどにもよく合います。

副菜

わかめのしょうが麹あえ

ごはんが進むミニおかず。「最近、海藻不足だな」と感じたら、ぜひ！

材料（作りやすい分量）
わかめ（乾燥）…… 小さじ4
⇒水に10分ほどつけてもどし、水けを絞る
A | しょうが麹（p.83参照）…… 小さじ1
ごま油 …… 小さじ1と1/2

1）ボウルにわかめ、**A**を入れてあえる。

6

高野豆腐の揚げだしべんとう

地味ながら滋味深い高野豆腐は、
揚げだしにすることで、おべんとうの主役に。
歯ごたえのいい副菜で、食が進みます。

主菜

高野豆腐の揚げだし

たんぱく質や鉄分が豊富な高野豆腐は、積極的に活用したい食材。

材料（作りやすい分量）
高野豆腐（乾燥）…… 2枚
⇒ぬるま湯に5分ほどつけてもどす
しょうゆ …… 小さじ1
葛粉（p.86参照）…… 大さじ1〜
菜種油 …… 適量
A ｜昆布だし（または水）…… 1/2カップ
｜しょうゆ・みりん …… 各大さじ1

1）高野豆腐はそれぞれ十字に切る。水けを軽く絞ってしょうゆをまぶし、さらに葛粉をまぶす。
2）小さめのフライパンに菜種油を1cmほど注いで中火にかけ、**1**をこんがり色づくまで揚げ焼きにする。
3）小鍋に**A**を入れて軽く煮詰め、**2**を加えてからめ、全体に味がしみ込んだら火を止める。

副菜

かぶのグリル

表面は香ばしく、中はジューシー。シンプルですが、この焼き加減がポイントです。

材料（作りやすい分量）
かぶ …… 2個
菜種油 …… 小さじ2
海塩 …… ひとつまみ

1）かぶは縦4等分に切って菜種油をまぶし、塩をふって10分ほどおく。
2）フライパンを中火にかけて**1**を並べ、切り口に焼き目をつける。ふたをしてしばらく蒸し、やわらかくなったら火を止める。

副菜

菜の花と切り干し大根のナムル

食感のいい切り干しに、ほろ苦い菜の花。サラダ感覚で食べられる一品です。

材料（作りやすい分量）
菜の花 …… 2〜3本（50g）
切り干し大根（乾燥）…… 15g
もやし …… 50g
にんじん …… 20g
A ｜塩麹（p.84参照）…… 小さじ1
｜しょうゆ麹（p.84参照）…… 小さじ1
｜酢 …… 小さじ1と1/2
ごま油 …… 小さじ1
白すりごま …… 大さじ1

1）切り干し大根は水でさっと洗い、ざるにあげる。にんじんは細切りにする。
2）鍋に湯を沸かし、塩少々（分量外）を加える。菜の花、もやしをそれぞれさっとゆで、ざるにあげて水けをきる。菜の花は2cm長さに切る。
3）ボウルに**1**、**2**を入れ、**A**を加えて混ぜる。ごま油をまわしかけ、白ごまをふり、さっとあえる。

［保存の目安］冷蔵で2〜3日

7

厚揚げと
きのこの麻婆《マーボー》べんとう

厚揚げも、菜食べんとうの食べごたえと
満足感をアップするのに活躍してくれる優秀食材。
主菜が濃厚なので、副菜2品はさっぱりと。

主菜 厚揚げときのこの麻婆

葛粉でとろみをつけ、しっかり味をからめます。お好みでラー油をかけても◎。

材料（作りやすい分量）

厚揚げ …… 1/2枚（75 g）
えのき …… 50 g
しめじ …… 1/4パック
長ねぎ …… 1/4本
にんにく・しょうが（各みじん切り）
…… 各1/2かけ分
ごま油 …… 適量
A | しょうゆ麹（p.84参照）…… 小さじ2
　 | みそ・豆板醤 …… 各小さじ1/2
葛粉（p.86参照）…… 小さじ1

1）厚揚げは熱湯にさっとくぐらせて水けを拭き、食べやすい大きさに切る。きのこは2cm 幅に、長ねぎはみじん切りにする。

2）フライパンにごま油を中火で熱し、にんにく、しょうが、長ねぎを炒める。香りが立ったらきのこ、水1/4カップを加える。

3）煮立ったら厚揚げを加え、混ぜ合わせた **A**を加える。小さじ1の水で溶いた葛粉をまわし入れ、とろみをつける。

［保存の目安］冷蔵で2〜3日

副菜 紫キャベツのナムル

紫キャベツで作ると色みがきれい。それだけで気持ちも上がります。

材料（作りやすい分量）

紫キャベツ …… 100 g
塩麹（p.84参照）・ごま油 …… 各小さじ1
白すりごま …… 小さじ2

1）紫キャベツは細切りにする。

2）ボウルに**1**、塩麹を入れてあえる。ごま油をまわし入れ、白ごまをふる。

［保存の目安］冷蔵で3日ほど

副菜 オクラと長いもの梅あえ

胃腸の粘膜を強化するねばねば食材の組み合わせ。梅風味でさわやかに。

材料（作りやすい分量）

オクラ …… 5本
長いも …… 40 g
梅干し（種を除く）…… 1個
とろろ昆布 …… 5 g
A | しょうゆ …… 小さじ1/2
　 | ごま油 …… 小さじ1

1）オクラはガクを除き、塩適量（分量外）をまぶして板ずりする。鍋に湯を沸かし、1分ほどゆでてざるにあげ、5mm幅の小口切りにする。

2）長いもは皮をむいてポリ袋に入れ、めん棒などでたたいて細かくする。梅干しは包丁で細かく刻む。

3）ボウルに**1**、**2**、とろろ昆布、**A**を入れてあえる。

8
じゃがいもと梅じそのコロッケべんとう

誰もが大好きなコロッケに、梅じそのアクセント。
豆乳マヨを添えると、さらにうまみもアップします。
不足しがちな栄養もしっかり補えるおべんとうです。

主菜

じゃがいもと梅じそのコロッケ

じゃがいもは皮つきのまま蒸すことでうまみが凝縮。ホクホクの味わいに。

材料（直径5cmのコロッケ4個分）
じゃがいも …… 2個（300g）
梅じそ（粗く刻む）…… 大さじ1
小麦粉 …… 15g
パン粉・揚げ油 …… 各適量
豆乳マヨネーズ（p.85参照）…… 小さじ1と1/2

memo

梅じそは、梅干しといっしょに漬けた赤じそを乾燥させたもの。なければ、市販の赤じそふりかけ（ゆかり）で代用できます。

1）じゃがいもは皮つきのままよく洗い、蒸気の上がった蒸し器でやわらかくなるまで10分ほど蒸す。皮をむき、マッシャーでつぶす。
2）ボウルに**1**と梅じそを合わせてよく混ぜ、4等分して、丸く成形する。
3）小麦粉は水大さじ2で溶く。**2**に水溶き小麦粉、パン粉の順に衣をつける。
4）揚げ油を180℃に熱し、**3**をこんがり色づくまで揚げる。豆乳マヨネーズを添える。

［保存の目安］成形した状態で保存袋に入れ、冷凍で1か月ほど

副菜

キャベツとたけのこの煮込み

春に作りたい、軽やかな煮込み。マスタードシードがいい働きをしています。

材料（作りやすい分量）
キャベツ（ざく切り）…… 100g
たけのこ（水煮・2cm角に切る）…… 100g
菜種油 …… 大さじ1と1/2
A | マスタードシード（あれば・p.86参照）・カレー粉 …… 各小さじ1
　| にんにく（すりおろし）…… 1かけ分
塩麹（p.84参照）…… 小さじ1

1）鍋に菜種油を中火で熱し、**A**を炒める。香りが立ったらキャベツ、たけのこを加えてさっと炒め、水1/2カップを注ぎ、キャベツがくたくたになるまで弱火で15分ほど煮る。
2）塩麹を加えて混ぜる。

［保存の目安］冷蔵で2〜3日

副菜

ひじきと豆腐の梅あえ

豆腐はいたみやすいので、おべんとう用には水分をしっかり抜くのがポイント。

材料（作りやすい分量）
ひじき（乾燥）…… 8g
⇒水に20〜30分つけてもどし、水けをきる
絹ごし豆腐 …… 1/5丁（60g）
にんじん（細切り）…… 15g
梅干し …… 1個
ごま油・しょうゆ …… 各小さじ1/2
白いりごま …… 大さじ1

1）豆腐は熱湯で5分ほどゆでてふきんに包み、重石をして30分ほどおき、水けをきる。
2）フライパンにごま油を中火で熱し、ひじきを炒める。にんじん、梅干しの種、かぶるくらいの水を加え、水けがなくなるまで煮る。しょうゆを加えて混ぜる。
3）すり鉢で白ごまをすり、梅干しを加えてさらにする。**1**をくずし入れ、**2**を加えてあえる。

9

大根のフライべんとう

お客さまから「おべんとうに入れてください！」と
リクエストがいちばん多かった大根のフライ。
揚げものなのに軽やかで、消化もスムーズです。

主菜

大根のフライ

大根のみずみずしさと揚げもののカリッとした食感が、絶妙なおいしさ。

材料（作りやすい分量）
大根（直径約8cmのもの）…… 3cm
しょうゆ …… 適量
小麦粉 …… 15g
パン粉・揚げ油 …… 各適量

1）大根は1.5cm厚さの半月切りにする。鍋に入れ、かぶるくらいの水を注いで中火にかけ、沸騰してから5分ほど、やや歯ごたえが残るくらいまでゆでる。
2）バットに**1**を並べ、しょうゆをまわしかけ、両面にまんべんなくしみ渡らせる。
3）小麦粉は水大さじ2で溶く。**2**に水溶き小麦粉、パン粉の順に衣をつける。
4）揚げ油を180℃に熱し、**3**をこんがり色づくまで揚げる。

副菜

白菜ととろろ昆布のレモンあえ

とろろ昆布は優秀なうまみ調味料。レモンの香りもうれしい箸休めです。

材料（作りやすい分量）
白菜 …… 200g
レモン（無農薬のもの）…… 1/2個
A | とろろ昆布 …… 5g
　　| 海塩 …… ひとつまみ

1）鍋に湯を沸かし、白菜をさっとゆで、ざるにあげる。粗熱がとれたら水けをきり、3cm長さの細切りにする。
2）レモンは半量は皮つきのまま薄いいちょう切りにし、残りは果汁を絞る。
3）ボウルに**1**、**2**、**A**を入れてあえる。

副菜

うまみたっぷりきのこ

きのこは何種類か取り合わせるとおいしい。みそ玉（p.80）の具にしても。

材料（作りやすい分量）
好みのきのこ（しいたけ、しめじ、まいたけなど）
　…… 合わせて100g
玉ねぎ …… 1/4個（50g）
にんにく（すりおろし）…… 1/2かけ分
ごま油 …… 大さじ1〜2
A | しょうゆ …… 小さじ1
　　| 塩麹（p.84参照）…… 小さじ1/2
　　| 黒こしょう …… 適量

1）きのこは食べやすい大きさに切るか、ほぐす。玉ねぎは薄切りにする。
2）フライパンにごま油を中火で熱し、にんにく、**1**を炒める。火が通ったら**A**を加え、さっと混ぜる。
［保存の目安］冷蔵で3〜5日

memo
きのこはざるにのせ、2〜3時間天日干ししてから使うと、さらにうまみが凝縮します。

10
じゃがいもとブロッコリーの サモサ風べんとう

サモサは、じゃがいもベースのスパイシーな具を
包んで揚げるインド料理。餃子の皮を活用して
おべんとう向けにアレンジしました。夏らしい副菜と。

主菜 じゃがいもとブロッコリーのサモサ風

ほくほくのじゃがいもにブロッコリーを加え、食感もうまみもアップ。

材料（8個分）
じゃがいも …… 小1〜2個（80g）
ブロッコリー（小房に分ける）…… 1/4個
A | 細ねぎ（ざく切り）…… ひとつかみ
にんにく（すりおろし）…… 1/2かけ分
玉ねぎ麹（p.83参照）…… 小さじ1
カレー粉 …… 小さじ1/2
餃子の皮 …… 8枚
揚げ油 …… 適量

1）じゃがいもは皮つきのままよく洗い、蒸気の上がった蒸し器でやわらかくなるまで10分ほど蒸す。皮をむき、マッシャーで粗くつぶす。
2）鍋に水を1cmほど入れて沸騰させ、塩少々（分量外）とブロッコリーを入れてふたをし、中火で7分ほど蒸す。ざるにあげ、粗みじん切りにする。
3）**1**、**2**、**A**を合わせて混ぜ、餃子の皮で包む。
4）鍋に揚げ油を3cmほど注いで180℃に熱し、**3**をこんがり色づくまで揚げる。

［保存の目安］成形した状態で保存袋に入れ、冷凍で1か月ほど

副菜 夏野菜のラタトゥイユ

さわやかな青じそがアクセント。その時季に手に入る夏野菜を自由に加えて。

材料（作りやすい分量）
ミニトマト（完熟）…… 10個
ズッキーニ …… 1/2本（100g）
なす …… 1本
長ねぎ …… 50g
にんにく・しょうが …… 各1/2かけ
青じそ …… 10枚
白練りごま …… 小さじ2
カレー粉 …… 小さじ1
海塩 …… 少々
しょうゆ麹（p.84参照）…… 小さじ2

1）ミニトマトは縦半分に、ズッキーニ、なすはさいの目に切る。長ねぎは1cm幅のぶつ切りに、にんにく、しょうがはみじん切りにする。青じそはちぎる。
2）鍋にしょうゆ麹以外の材料をすべて入れ、ふたをして中火にかける。煮立ったら弱火にし、7分ほど蒸し煮する。
3）ふたをとり、水けをとばしながら炒め、全体がくたっとしたらしょうゆ麹を加えて混ぜる。

［保存の目安］冷蔵で3日ほど

副菜 にらの梅酢あえ

にらは、さっと熱湯にくぐらせ、火を入れすぎずに食感を残すのがコツ。

材料（作りやすい分量）
にら …… 1/2束
A | 赤梅酢（p.86参照）…… 小さじ1
ごま油・白すりごま …… 各少々

1）鍋に湯を沸かし、にらを1〜2秒ゆで、ざるにあげる。粗熱がとれたら水けを絞り、食べやすい長さに切る。
2）ボウルに**1**、**A**を入れてあえる。

作りおきで“**五味**”を整える

おかず5品べんとう

私がケータリングやイベントで作るおべんとうは、おかず5品が基本。
塩味・甘味・酸味・辛味・苦味の5つの味を揃えるようにしています。
これだけ品数があると菜食でも大満足で、見た目もぐっと華やか。
この章では、作りおきもできる「五味のおかず」(p.42〜)と、
それを詰め合わせたおべんとうアイデア(p.32〜)をご紹介します。

おかず5品べんとうの組み立て方

五味 ＝ 塩・甘・酸・辛・苦を揃える

薬膳では五味それぞれに働きがあるとされ、5つ揃えると自然にバランスが整います。p.42〜のおかず集から自由に組み合わせてください。

作りおきをフル活用して

常備菜や前の晩のおかずを上手に利用するのが、無理なく続けるコツ。
作りおきに向くおかずには、［保存の目安］を記しました。

ラクに作れるおかずも盛り込んで

鍋やオーブンに入れるだけのほったらかしおかず、
野菜ひとつのシンプルおかずがあると、忙しい朝も助かります。

辛 spicy
苦 bitter
酸 sour
塩 salty
甘 sweet

おかず5品べんとう
詰め合わせアイデア

obento idea #1

塩：いんげんのごま塩あえ (p.49)
甘：カラフル根菜のグリル (p.50)
酸：切り干し大根と昆布のはりはり漬け (p.63)
辛：大豆のナゲット (p.65)
苦：ケールのしょうゆ炒め (p.73)

obento idea #2

塩：ねぎみそきのこ(p.48)
甘：赤玉ねぎのグリル(p.54)
酸：大根とにんじんの柿なます(p.63)
辛：白菜とおからの油揚げ餃子(p.64)
苦：春菊とひじきの白あえ(p.75)

obento idea #3

塩：大豆とキャベツのコロッケ(p.44)
甘：エリンギの甘煮(p.53)
酸：にんじんのラペ(p.61)
辛：ブロッコリーとさつまいものマスタードサラダ(p.68)
苦：春菊ののりごまあえ(p.74)

obento idea #4

塩：里いものコロッケ(p.42)
甘：かぼちゃの甘酒炒め(p.51)
酸：ひじきとクレソンのサラダ(p.58)
辛：こんにゃくのからし炒め(p.67)
苦：ルッコラのごまあえ(p.74)

obento idea #5

塩：切り干し大根のがんもどき(p.43)
甘：さつまいものマッシュサラダ(p.53)
酸：れんこんの梅酢漬け(p.59)
辛：ひじきとこんにゃくのピリ辛煮 (p.67)
苦：ケールのしょうゆ炒め(p.73)

obento idea #6

塩：小松菜の塩麹あえ(p.48)
甘：ビーツのみそ煮(p.54)
酸：きのこと玉ねぎのレモンソース(p.62)
辛：みそチリコンカン(p.66)
苦：もやしとわかめのターメリックナムル(p.76)

obento idea #7

塩：水菜ののりジェノベあえ(p.47)
甘：かぼちゃの豆乳マヨサラダ(p.52)
酸：れんこんボールの酢あんかけ(p.56)
辛：カレー風味のいり豆腐(p.70)
苦：じゃがいもとセロリのサブジ(p.76)

obento idea #8

塩：ズッキーニのごまあえ(p.49)
甘：ブロッコリーとトマトの甘酒ソース(p.51)
酸：焼きパプリカの梅酢マリネ(p.59)
辛：きゅうりとわかめのわさびじょうゆあえ(p.69)
苦：ゴーヤーと厚揚げのナッツチャンプルー (p.72)

obento idea #9

塩：自家製なめたけ(p.47)
甘：かぼちゃのしょうゆ麹煮(p.52)
酸：おからの春巻き(p.57)
辛：大根とわかめのゆずこしょうあえ(p.69)
苦：ルッコラのごまあえ(p.74)

obento idea #10

塩：厚揚げのあおさフリット(p.45)
甘：にんじんのクミングリル(p.55)
酸：かぶの塩レモンあえ(p.60)
辛：切り干し大根のカレーサラダ(p.70)
苦：菜の花とたけのこのからしあえ(p.75)

塩

salty

塩味のおかず

おべんとうの基本となるのが「塩味」のおかず。
味つけには、塩はもちろん、しょうゆやみそ、塩麹などを使います。
適切な塩分は、素材のうまみをしっかり引き出してくれます。

里いものコロッケ

材料（直径5〜6cmのコロッケ4個分）
里いも …… 3個（150g）
じゃがいも …… 1個（150g）
長ねぎ（みじん切り）…… 1本分
海塩 …… 小さじ1/2
小麦粉 …… 15g
パン粉・揚げ油 …… 各適量

じゃがいもに里いもが加わることで、
ねっちり濃厚なコクが生まれます。
好みでしょうゆ麹（p.84）を添えて食べても。

1）里いも、じゃがいもは皮つきのままよく洗い、蒸気の上がった蒸し器でやわらかくなるまで（里いもは10〜15分、じゃがいもは10分ほど）蒸す。皮をむいてボウルに合わせ、マッシャーでつぶす。

2）**1**に長ねぎ、塩を加えてよく混ぜる。4等分して、丸く成形する。

3）小麦粉は水大さじ2で溶く。**2**に水溶き小麦粉、パン粉の順に衣をつける。

4）揚げ油を180℃に熱し、**3**をこんがり色づくまで揚げる。

［保存の目安］成形した状態で保存袋に入れ、冷凍で1か月ほど